INSTRUCTION ÉLÉMENTAIRE

INSTRUCTION ÉLÉMENTAIRE

SUR LES

RECONNAISSANCES MILITAIRES

A L'USAGE DES OFFICIERS CHARGÉS ACCIDENTELLEMENT
DE CE GENRE DE TRAVAIL.

AVEC PLANCHES.

PARIS
LIBRAIRIE MILITAIRE, MARITIME ET POLYTECHNIQUE
J. CORRÉARD, Éditeur
3, BOULEVARD SAINT-ANDRÉ, 3
Maison de la fontaine Saint-Michel.

1865

INSTRUCTION ÉLÉMENTAIRE

SUR LES

RECONNAISSANCES MILITAIRES

A L'USAGE DES OFFICIERS CHARGÉS ACCIDENTELLEMENT DE CE GENRE DE TRAVAIL.

AVEC PLANCHES.

Il existe d'excellents ouvrages sur les reconnaissances militaires (1), mais ils sont volumineux, trop savamment traités et trop détaillés pour être à la portée des militaires, autres que ceux qui appartiennent aux corps spéciaux et aux officiers supérieurs chargés de commandements importants. Cependant les officiers de toutes les armes peuvent être désignés temporairement pour un travail de

(1) *Recueil sur les Reconnaissances militaires*, d'après les auteurs les plus estimés, formant un traité complet sur cette matière. 2 vol. in-8°, avec atlas.

ce genre, qui dans ce cas s'applique toujours à une localité spéciale de peu d'étendue et qui leur est demandé, soit en campagne pour la défense d'un poste, d'un pont, d'un village, d'une ferme, etc., soit en garnison comme étude et exercice, soit dans les inspections générales annuelles.

C'est pour ces derniers que l'on a jugé utile de rédiger une instruction élémentaire, étrangère aux grands mouvements stratégiques des corps d'armées et aux reconnaissances de vastes étendues de terrains, admettant que ces militaires sont généralement privés d'instruments de précision et qu'ils ne peuvent opérer qu'approximativement. Cependant ils trouveront ici les notions nécessaires pour lever un plan assez exactement, faire un dessin clair en conformité des instructions données pour ce genre de travail et pour la rédaction des rapports et mémoires descriptifs.

On nomme *reconnaissance militaire,* l'étude, la description et le figuré d'un terrain.

L'ordonnance sur le service des troupes en campagne distingue trois sortes de reconnaissances militaires :

1° Les reconnaissances journalières;

2° Les reconnaissances spéciales;

3° Les reconnaissances offensives.

Les reconnaissances journalières sont les tournées faites autour d'un corps de troupes en position, pour examiner les mouvements et les desseins de l'ennemi et se garantir des surprises. Elles ont le même objet que les tournées faites par les patrouilles extérieures des avant-postes et sont conduites d'après les mêmes règles et principes.

Les reconnaissances spéciales comprennent toutes celles qui sont faites dans un but déterminé.

Les reconnaissances offensives sont des engagements de troupes assez nombreuses pour forcer l'ennemi à se découvrir, à se mettre sous les armes, de manière à laisser apprécier sa force et ses dispositions.

Les reconnaissances spéciales, qui seules doivent être traitées ici, se font loin ou près de l'ennemi. Elles exigent l'appréciation de la forme et de la nature du terrain, des avantages ou des inconvénients qu'il peut offrir sous le point de vue militaire, de la force ou de la faiblesse des différents points, des facilités qu'ils offrent pour l'engagement et l'action des différentes armes, etc.

Les reconnaissances qui peuvent être demandées

aux officiers et aux sous-officiers des différentes armes, autres que ceux appartenant aux corps spéciaux, soit en campagne, soit comme études dans les garnisons, donnent presque toujours lieu à un dessin ou croquis et à un mémoire ou rapport à l'appui.

Sur le dessin on ne peut représenter que les accidents physiques du terrain, mais on ne saurait en représenter les nuances; on peut bien y indiquer, par exemple, les dimensions d'un pont ou même montrer si ce pont est en pierre ou en bois, mais on ne saurait y indiquer s'il est en bon ou en mauvais état. Il en est de même de tous les détails que l'on doit donner sur la nature du sol, sur les routes, les constructions, etc., qui ne peuvent être présentés que dans un travail écrit.

Tout dessin de reconnaissance doit être net et facilement conpréhensible, présenter en détail tout ce qui peut avoir trait directement ou indirectement aux choses de la guerre et laisser de côté tout ce qui n'aurait aucune utilité.

Le rapport à l'appui du dessin doit être clair, concis et présenter uniquement les détails utiles ou nécessaires. Il doit être rédigé dans le sens des instructions qui ont été données pour l'exécution de la reconnaissance. Les notes utiles à sa rédaction doivent être recueillies pendant la durée du travail sur le terrain. Il faut distinguer avec soin les uns des autres les renseignements que l'on s'est procuré par soi-même et ceux qu'on a obtenus par ouï-dire.

Les reconnaissances topographiques s'appliquent à des détails de localités très-circonscrits que l'on peut embrasser d'un coup d'œil. On est d'abord guidé par les instructions que l'on a reçues et l'on doit proportionner son travail à la nature et au but de la reconnaissance.

Les principaux objets qui peuvent se présenter à l'étude sont :

COURS D'EAU.

Les cours d'eau. — Donner d'abord une idée de leur importance locale, indiquer leur largeur, leur rapidité, leur profondeur, détails qui peuvent être utilisés pour l'établissement des ponts militaires.

Les *rivières* sont-elles flottables ou navigables ? Cela peut servir, soit pour la construction des ponts, soit pour l'organisation des convois par eau. Pour qu'une rivière soit flottable, il faut qu'elle ait au moins une profondeur de 65 centimètres et une profondeur de 75 centimètres pour être navigable.

Pour des raisons analogues il importe de connaître la nature du fond des rivières et celle de leurs rives ; car, selon que le fond sera solide, ou sablonneux, ou vaseux, il faudra dans les ponts de bateaux augmenter le nombre des ancres, ou les remplacer par d'autres moyens d'attache : dans les ponts de chevalets, il faudra faire varier la construction de ceux-ci.

La nature des rives a de l'influence, et sur le passage des rivières, et sur leur défense. Si les bords d'un cours d'eau sont raides et difficiles, si leur escarpement est trop prononcé, de même que leur relief, si le terrain qui les forme se compose de roches dures ou de masses résistantes, il devient impossible d'y faire les travaux nécessaires à l'établissement des premières culées d'un pont et les troupes éprouvent de trop grandes difficultés pour entrer dans l'eau, s'il s'agit d'un passage au gué ou à la nage.

Est-on dans le cas de tenter l'établissement d'un pont sous le feu de l'ennemi, il est bien essentiel de savoir laquelle des deux rives domine l'autre.

On ne doit négliger d'indiquer aucun des moyens et des points de passage, tels que gués, bacs, trailles, ponts volants, etc. Car s'ils ne sont pas toujours assez importants pour les mouvements généraux des armées, ils peuvent très-fréquemment servir à ceux des détachements.

On recommande de noter et d'étudier avec soin toutes les constructions, usines, moulins, parce qu'ils peuvent servir, soit à former de petits postes éventuels, soit parce qu'ils peuvent favoriser l'opération d'un passage.

Sur l'étendue du cours d'eau que l'on a reconnu, il faut s'enquérir du nombre de bateaux, bacs et nacelles qu'on pourra rassembler.

PASSAGES. — PONTS.

Enfin, s'il est une chose importante à reconnaître sur les rivières, ce sont les points de passage permanents. Car la nécessité de gagner un pont fait souvent changer toute une série de combinaisons d'un plan de campagne. On doit indiquer leur relation avec les routes principales qui peuvent y aboutir, leur largeur, la nature de leurs abords, si l'on pourrait facilement les couvrir et les garder de l'une ou de l'autre rive : le nombre de leurs arches, la portée de ces arches, l'épaisseur du tablier au-dessous des clefs de voûtes, indiquer s'ils sont en pierre ou en bois, s'ils sont solides, et quels moyens on pourrait employer pour les détruire ou les incendier, ou bien pour faire sauter une de leurs arches. Pour la facilité de leur défense, il peut importer aussi de savoir s'ils sont isolés ou à proximité d'habitations.

GUÉS.

On ne saurait omettre la reconnaissance des *gués*. Les rivières étant toujours des obstacles sérieux à la marche des armées, on ne saurait trop s'appliquer à rechercher tous les moyens de les franchir. De ces moyens, le plus simple et le plus expéditif est le passage à gué.

On donne le nom de gués à des points des cours d'eau sur lesquels la profondeur du lit est assez peu considérable pour permettre, soit à des hommes, soit à des chevaux de passer d'un bord à l'autre sans danger pour la vie. On conçoit que la profondeur des endroits guéables varie suivant l'espèce de troupes qui doivent s'y engager. Cette profondeur ne doit pas être de plus de 0 m. 65 c. à 0 m. 70 c. pour les voitures dont le chargement peut être avarié, de 1 mètre pour l'infanterie et de 1 m. 20 c. pour la cavalerie.

On doit reconnaître exactement l'emplacement du gué, sa largeur pour qu'on sache sur quel front on pourra passer ; sa direction, chose très-importante pour garantir la sûreté des hommes pendant le passage, la nature de ses abords, sa profondeur et surtout la nature de son fond. On conçoit, en effet, que, suivant le plus ou moins de résistance du lit de la rivière, on devra adopter pour les différentes armes un ordre de passage différent. Si, par exemple, sur un lit vaseux on faisait passer de la cavalerie et de l'artillerie en premier lieu, le gué se trouverait bientôt dégradé, défoncé, et deviendrait impraticable à l'infanterie.

La reconnaissance des voies de communication est une chose fort importante.

ROUTES.

Les routes sont de dimensions différentes, leur importance militaire est en raison des points d'un théâtre d'opérations qu'elles unissent les uns aux autres, des lieux qu'elles traversent, des obstacles qui se trouvent sur leur parcours.

La construction des routes varie beaucoup, parce que l'on n'emploie à les faire que les matériaux que l'on a à proximité. Le plus habituellement elles sont pavées ou ferrées, en blocage ou en terre (1).

CHEMINS.

Les chemins sont des communications de second ordre, joignant les uns aux autres de petits centres de population, ou ceux-ci à des routes de premier ordre.

On les distingue en plusieurs classes, suivant leur importance et suivant aussi le mode de répartition des fonds alloués pour leur entretien. Ainsi, en France, nous les distinguons en chemins cantonnaux, communaux, vicinaux, etc. Sous le point de vue militaire, on peut n'en faire qu'une catégorie. On conçoit qu'ils sont rarement appelés à faciliter les mouvements de grands corps de troupes et d'un nombreux matériel. Mais ils servent à

(1) Voir un exemple de Reconnaissance d'une route faite en marche.

la marche des détachements et à toutes les opérations secondaires de la guerre ; ils peuvent servir aussi à aller gagner rapidement, en quittant une ligne d'opérations, les divers points que l'on doit occuper sur une position. On ne saurait donc donner sur eux trop de minutieux détails. Quelle est leur largeur ? Cette largeur est-elle constante ou variable? On doit la rapporter à celle de la voie de l'artillerie, qui est de 2 m. 30 c. Il faudra donc une largeur de 3 à 4 mètres pour que les voitures puissent cheminer facilement sur une file. Les chemins sont-ils bordés de haies vives, d'arbres ou de fossés? Ces obstacles, quelquefois, peuvent en faire de véritables défilés. Sont-ils bordés par des montagnes, par un cours d'eau ? Sont-ils tracés en corniche ou dans un ravin ? Quelles sont les villes, quels sont les villages qu'ils traversent? Les chemins qui débouchent sur eux? Sont-ils uniques sur une grande surface de terrain, ou s'en trouve-t-il d'autres à proximité, qui suivent la même direction, etc., etc.?

On doit noter également les défilés à passer et les points à réparer. La pente, car cette pente peut les rendre impraticables aux voitures, ou même aux mulets chargés.

SENTIERS.

Les sentiers, qui d'ordinaire n'ont pas une grande valeur, peuvent devenir dans certaines circonstances et dans certaines localités, d'une importance très-grande. Par exemple, dans les forêts ou les pays de montagnes. On doit donc, dans ce cas, les reconnaître avec le plus grand soin, et ne pas s'exagérer leurs difficultés; car le cheval passe presque partout où l'homme peut passer.

LIEUX HABITÉS.

La reconnaissance des lieux habités, villes, bourgs ou villages, peut se faire dans plusieurs buts différents. Lorsqu'on étudie les ressources qu'ils présentent pour le logement, la nourriture et l'entretien des troupes, elles restent dans la classe des reconnaissances statistiques. Lorsqu'au contraire on les étudie parce qu'on veut les occuper et les défendre avec des troupes, indépendamment des instructions spéciales qu'on peut avoir reçues, on doit s'attacher à faire ressortir toutes les ressources qu'ils présentent sous le point de vue défensif; on devra se rappeler pour cela, que la défense des lieux habités doit comprendre quatre choses différentes : la défense de l'extérieur, celle de l'enceinte, celle de l'intérieur, enfin les moyens de retraite.

VILLAGES.

Si donc il s'agit par exemple d'un village, il faut tout d'abord énumérer les considérations générales qui peuvent déterminer à l'occuper. Il se trouve sur un point important d'un terrain, couvre une communication utile, appuie une partie d'une position ; il n'est pas dominé, ses maisons sont groupées assez régulièrement, la surveillance peut en être facile, on peut aisément se garantir des surprises, etc., etc.

En second lieu, examinant les dehors, ou approches du village, on indiquera quelle est leur nature : ce sont des jardins, des haies, des arbres, des murs de clôture, ou tels autres obstacles qui favorisent la défense et l'emploi des tirailleurs ; les routes et chemins peuvent être découverts et enfilés par la mousqueterie ou l'artillerie ; les divers points du terrain reçoivent une protection plus ou moins directe des premières maisons du village.

On observera quels moyens on a de déterminer

l'enceinte, de quelles constructions sont les maisons auxquelles elle s'appuiera, si leur disposition permettra d'employer des feux de flanc; si les issues du village pourront être facilement barricadées ou défendues, etc., etc.

Pour l'intérieur, on étudiera le nombre, la largeur et la direction des rues, leur correspondance avec les divers points de l'enceinte, les facilités qu'elles offriront au mouvement des troupes pour porter successivement des secours sur les points menacés. On verra si on peut organiser la défense des maisons formant ces rues, s'il existe dans l'intérieur quelque place ou lieu découvert analogue sur lequel, au moment de la défense, on puisse établir ses ressources ; enfin s'il existe quelque bâtiment qui, par ses conditions de capacité, de solidité et de forme, permette d'en faire un réduit.

Comme des troupes placées dans un village ne sauraient espérer y prolonger leur résistance de manière à arriver à une capitulation semblable à celles qu'on fait dans les places de guerre, où elles doivent avoir des moyens d'être secourues, ou tout au moins ceux de faire retraite, on devra donc reconnaître avec soin l'issue qu'on réservera pour la retraite, et les moyens qu'elle offrira de la couvrir et de la défendre pour la laisser libre jusqu'au dernier moment.

BATIMENTS ISOLÉS. — FERMES.

Au point de vue de l'utilité tactique, les bâtiments ont cela de commun avec les bois que les défenseurs y sont non-seulement masqués, mais aussi couverts.

Outre la situation topographique et le voisinage immédiat à une portée de fusil, il faut encore dans la reconnaissance des bâtiments isolés et des fermes en considérer la position, c'est-à-dire, la direction du front ou de la face principale, par rapport à la direction probable d'où viendra l'attaque. Il y a certainement avantages essentiels, quand la façade la plus large regarde l'ennemi. Ces avantagès croissent en raison de l'étendue.

Il faut faire avec le plus grand détail la reconnaissance et la description des *bâtiments isolés* qui doivent à leur situation, à leur position, à leur nature, une importance tactique particulière. Il faut examiner : 1° la force et le mode de construction des murs ; 2° le nombre des étages, les portes et les fenêtres dont ils sont percés, notamment du côté qui fait face à l'ennemi ; 3° la hauteur du bâtiment et la nature de la toiture; 4° les accessoires, tels que tours, balcons, ailes et arrière-corps; 5° la capacité des bâtiments à l'intérieur, ainsi que les caves; 6° les jardins ou autres pièces de terre adjacentes, entourés d'une clôture permanente et solide.

Dans les *fermes*, il faut avoir égard à l'étendue de la cour, et plus particulièrement à la nature de l'enceinte.

CLOTURES.

L'enceinte ne fait que rendre plus difficile l'accès de l'endroit où l'ennemi s'efforce de pénétrer; ou bien elle masque en même temps les défenseurs et les protège plus ou moins contre les projectiles ennemis, selon ces diverses qualités.

1° La *levée de terre avec fossé,* quand elle a une épaisseur suffisante, protége contre les projectiles de toute espèce; elle masque en même temps les défenseurs; enfin, le fossé qui la protége est un obstacle au moment de l'attaque, surtout lorsqu'il est profond ou rempli d'eau; 2° *murs*, ce mode de clôture se rencontre le plus fréquemment. La valeur défensive des murs est déterminée par leur épaisseur, leur solidité et leur hauteur. Les murs en pierre de taille résistent pendant un certain temps, à presque tous les projectiles de l'artillerie de campagne. — Les murs en pierre brute qui sont rarement bien joints ne résisteraient que peu de temps, même avec une épaisseur de 0 m. 35 c. à 0 m. 50, à des boulets de six. — Les murs en briques ayant plus de cohésion, résistent mieux que les murs en pierre brute aux boulets qui n'y font que des trous. — Les murs en moellons n'offrent une bonne protection qu'avec une épaisseur de 0 m. 65 c.

La hauteur la plus avantageuse pour la défense est de 1 m. 32 c. à 1 m. 50 c. Quand le mur est plus élevé, il faut établir pour les défenseurs des banquettes en terre ou en bois; si l'on n'a pas pour cela le matériel ou le temps nécessaire, on abaisse le mur autant qu'il est nécessaire, ou on en ébrèche la partie supérieure : ce qui, pour les murs en briques ou de moellons, se pratique aisément.

Le percement des meurtrières dans les murs très-élevés en diminue la solidité et demande plus de temps qu'on n'en a d'ordinaire à perdre au moment d'une défense locale passagère.

Les haies vives sont ordinairement assez hautes pour cacher les défenseurs; mais elles ne les mettent presque pas à l'abri des projectiles et gênent leur propre feu quand elles ont plus de 1 m. 65 c. de hauteur.

Quand l'enceinte offre des lacunes, il faut essayer de fermer les brèches par des barricades, des abatis ou même par des fossés.

FORÊTS.

La reconnaissance des forêts et des bois peut avoir une grande importance. Les forêts, sous le point de vue stratégiqne, sont des obstacles assez grands pour pouvoir faire varier les conceptions d'un plan de campagne ou d'opérations. Les bois, par la place qu'ils occupent relativement à des positions ou à des communications, sur lesquelles ils forment défilé, sont surtout importants sous le point de vue tactique. — La reconnaissance de ces sortes d'accidents de terrain doit porter plus spécialement sur les routes et communications qui se trouvent dans tous les sens, sur la nature des arbres, s'ils forment des taillis ou des futaies, s'ils sont favorables ou non à l'emploi des tirailleurs d'infanterie, quelquefois de ceux de cavalerie, sur la nature du sol, sur la forme et l'étendue de l'enceinte, si elle est défendue par un fossé, par un petit rebord ou talus en terre, etc., sur les villages, fermes ou habitations qui peuvent exister dans l'intérieur.

HAUTEURS.

La possession d'une hauteur offre, en général, les avantages suivants :

1° Les troupes qui l'occupent ont une vue plus étendue : le feu de leur artillerie peut, sous plus d'un rapport, avoir une plus grande efficacité, bien que sa position élevée ne soit pas toutefois sans inconvénients.

2° Les troupes placées derrière la hauteur sont à l'abri de la vue et du feu de l'ennemi.

3° Les troupes ennemies, pour gravir la hauteur, ont à faire des efforts plus grands que pour marcher dans la plaine ; leur feu a beaucoup moins d'effet ; leur cavalerie ne peut souvent y rendre aucun service.

Toutes les hauteurs n'offrent pas ces avantages. Ainsi, une colline isolée, peu élevée et nue, située au milieu d'une plaine, peut fournir une bonne position mais ne masque qu'une petite étendue de terrain ; la pente allongée et douce qui conduit au sommet, n'apportera qu'un très-léger obstacle à la marche de l'ennemi.

Une montagne d'une hauteur considérable, couverte en tout ou en partie de bois, sera excellente pour masquer et couvrir ; mais on n'y jouira que d'une vue bornée, et l'efficacité du feu y sera presque nulle. Pour reconnaître une colline ou une montagne, on doit commencer par se porter à la partie supérieure, en faire le tour afin d'avoir vue sur les revers dans toutes les directions et connaître les alentours. Noter les noms des villages, des bois, des eaux et des routes situés à portée de la vue : si, par cette première inspection superficielle, on s'est assuré qu'aucune autre hauteur voisine ne commande celle dont on fait l'exploration, et que cette dernière est, par conséquent, propre à servir de point d'appui, on passe à l'examen spécial et détaillé.

On aura principalement égard aux choses suivantes :

La configuration et la nature du sommet : si l'on peut y employer efficacement de l'artillerie ou des troupes, et en quelle quantité ; si les avant-trains et les caissons trouvent derrière la hauteur une position avantageuse : enfin si les pièces ont une retraite facile.

La nature et l'accessibilité des revers ou flancs, surtout du côté de l'attaque. Quant à l'escarpement, on peut bien indiquer les angles d'inclinaison ; mais cette donnée est insuffisante dans la plupart des cas, les revers ayant souvent une conformation très-irrégulière, et pouvant, malgré leur raideur générale, être sur certains points, gravis sans grande difficulté par les assaillants.

La nature de la partie inférieure ou du pied : si elle s'aplanit peu à peu, ou si elle forme des terrasses ; si elle est déchirée de fondrières et de ravins, découverte ou boisée, etc.

La nature générale du sol, qui doit être mentionnée, parce qu'un sol rocailleux oppose plus de difficultés à l'ascension qu'un sol arénacé et caillouteux ou une terre ordinaire.

L'indication de la hauteur réelle ou relative de la montagne doit se trouver dans le rapport, afin qu'il soit plus complet ; mais elle est de peu d'importance, pourvu qu'on ait eu soin de dire à quelle distance on peut, du haut du sommet, porter sa vue et tirer avec succès.

On n'oubliera pas d'avoir égard aux arbres et aux

buissons dont ce sol est peut-être planté. Quant aux chemins de voiture ou de somme et aux sentiers qui conduisent au haut de la montagne, il faut les examiner et les décrire à part.

On ne traite pas ici ce qui est relatif aux grandes chaînes de montagnes, elles n'intéressent que les opérations stratégiques étrangères aux reconnaissances spéciales qui nous occupent.

PLAINES.

On doit constater dans la reconnaissance des plaines découvertes leur étendue, les ruisseaux, canaux, fossés, marais, landes, enclos, habitations qui s'y trouvent, les routes et chemins qui les traversent, la nature du sol et celle des cultures. Les *vignes* sont-elles soutenues par des échalas? s'y trouvent-ils des arbres? sont-elles entourées de murailles en pierres, de haies vives, de fossés?

Les *vergers* sont-ils enclos, comment, les arbres sont-ils forts et propres à être utilisés?

HAIES.

Les *haies* doivent être examinées avec soin, si elles sont épaisses elles offrent souvent des obstacles importants et très-favorables à l'établissement et à la défense des postes.

EAUX DORMANTES.

Les *lacs*, les *étangs*, les *marais*, les *marécages* et les terrains humides et mous, quoique de nature diverse, offrent tous les mêmes avantages, et se rencontrent souvent étroitement liés les uns aux autres.

Pour servir de point d'appui en tactique, il faut qu'un amas d'eau dormante ou une portion de terrain marécageux ait assez d'étendue pour mettre à couvert, suivant les circonstances, soit du feu d'artillerie, soit de celui de mousqueterie, et pour qu'il ne soit pas trop facile de tourner l'obstacle.

Il s'en suit que les étangs isolés sont rarement propres à fournir un point d'appui, à moins d'être liés à d'autres obstacles.

La reconnaissance des objets de ce genre doit porter sur : Leur forme et leur étendue ; les bois, les hauteurs et les bâtiments qui y touchent ; la profondeur de l'eau, la nature du fond et des rives, les îles, s'il en existe, les places où les marécages sont praticables aux voitures, aux chevaux ou aux fantassins, les passages, les digues ou les chaussées qui s'y trouvent.

Quant aux eaux dormantes, il est plus aisé d'en examiner la forme et l'étendue, que d'en explorer la profondeur : car souvent il ne s'y trouve pas de barques propres à cette exploration, et même avec un fond solide, il est dangereux d'entrer à cheval dans ces eaux sans un bon guide, parce que souvent on y rencontre tout à coup des trous profonds. Il faudra donc toujours avoir soin de se munir d'une longue perche à l'aide de laquelle on sonde à chaque pas la profondeur de l'eau.

MARÉCAGES.

La reconnaissance d'un marécage offre beaucoup plus de difficultés, notamment quand il s'agit de savoir où et comment il est praticable. Au printemps et en automne, il ne faut pas même se fier aux traces de chevaux et aux ornières de voitures qui se rencontreront sur tel ou tel point d'un marécage. Ces vestiges ne prouvent pas d'une manière absolue que les chevaux ou voitures puissent passer là ; car il se peut très-bien que, datant encore de la dernière sécheresse ou de la gelée la plus récente, elles soient restées depuis lors imprimées sur le sol redevenu mou. Cependant il y a des places où le passage est possible; l'exploration doit donc être faite avec un soin extrême.

PRAIRIES.

Il existe des *prairies* qui semblent, en été, offrir un terrain solide, et qui cependant ne pourraient supporter la marche d'une troupe, surtout celle de la cavalerie. On doit donc les explorer soigneusement, et se défier de celles dont l'herbe est haute et serrée, où l'on aperçoit des parties de mousse d'un vert jaunâtre, ou des touffes d'herbes d'un vert plus éclatant que les autres.

Les coupures du sol désignées par les noms de *ravins, bas-fonds, vallées,* se distinguent aussi bien par leur formation que par leurs dimensions; mais, comme excavations longitudinales, comme lignes en creux, elles rentrent dans une seule et même catégorie d'obstacles.

RAVINS.

Dans presque tous les terrains, il se rencontre des *ravins;* mais ils ne sont pas de même nature partout. Dans les plaines à faible inclinaison, ils affectent d'ordinaire la forme de dépressions d'une profondeur médiocre et à profils arrondis. De même que les hauteurs peu élevées, ils sont alors propres à fournir des positions masquées ; mais on ne peut les considérer comme obstacles qu'autant que le fond en est formé par un sol marécageux. Dans les plaines très-inclinées, de même que dans le voisinage des plateaux, les ravins se forment, en général, par les eaux qui fouillent et creusent le terrain ; ce sont alors des décharges naturelles des eaux pluviales et de celles résultant de la fonte des neiges, et qui, déversées ainsi dans les terres inférieures, s'y jettent dans les ruisseaux et dans les rivières, ou forment de grands étangs et parfois des marécages.

Les ravins de cette espèce se distinguent par leur grande longueur et par de nombreuses sinuosités ; les berges en sont très-escarpées ; rarement le fond en est sec. Ils constituent donc d'excellentes lignes défensives.

Dans les pays montagneux, les ravins affectent la forme de crevasses, de gorges, de fondrières profondes et étroites, suivant qu'ils sont creusés dans les plateaux, ou dans le pied des montagnes, ou dans les régions supérieures. Là aussi l'action des eaux sauvages, descendant vers les régions basses, est une des causes principales qui concourent à la formation des ravins.

BAS-FONDS. — VALLÉES.

Les *bas-fonds*, vallons ou vallées, sont des excavations longitudinales plus longues et plus profondes que les ravins.

Les parties principales dont se compose un bas-fond ou une vallée sont : 1° Le *fond*, ou la partie la plus basse comprise entre les terrains inclinés des deux côtés ; 2° les *berges*, ou escarpements ; les *bords*, c'est-à-dire la ligne d'intersection entre les berges de la vallée et le terrain extérieur.

Les parties les plus étroites de la vallée en forment les *défilés* ou *passages*. Dans le sens de la longueur, on distingue l'*origine* ou la *naissance* de la vallée, son *milieu* et son *extrémité*, son *embouchure* ou *issue*. Il faut encore mentionner les coupures de terrain qui conduisent de la vallée sur la hauteur, ou de celle-ci dans la vallée, en divisant les berges ; ces coupures qui, suivant la nature et leur étendue, prennent le nom de *gorges* ou de *vallées latérales*, marquent les passages naturels par où l'on peut franchir les vallées.

La reconnaissance d'une excavation de terrain, soit ravin, soit bas-fond ou vallée, doit surtout avoir pour objet d'examiner la difficulté du passage, et l'effet du feu des deux côtés. Si le pays entier est boisé, le ravin ou la vallée n'offrira qu'une faible ligne défensive, parce qu'on est trop exposé au danger d'être tourné.

On doit examiner :

1° La direction et l'étendue de la coupure de terrain, ainsi que sa position par rapport à la ligne d'opération.

2° Les points où le fond de la vallée est le plus aisé à franchir, si toutefois il n'est pas praticable dans toute son étendue.

Quand il y coule une eau courante sur un terrain ferme d'ailleurs, il faut examiner s'il ne serait pas possible de tendre des inondations au moyen de barrages. Les arbres peuvent, dans certains endroits, servir à établir des abatis.

3° La hauteur, l'accessibilité, la nature et la configuration des berges, méritent une attention spéciale, ainsi que le plus ou moins de végétation dont elles peuvent être couvertes. Il en est de même des fondrières, des ravins et des petites gorges par lesquelles on peut, du côté de l'ennemi, descendre au fond de la vallée ou remonter en deçà.

4° Les chemins praticables pour la cavalerie et l'artillerie, conduisant à travers l'obstacle.

5° La largeur de la vallée, du bas-fond ou du ravin, entre les bords supérieurs des berges, dans son rapport avec l'efficacité du feu de mousqueterie ;

6° Le terrain en-deçà et au-delà de l'obstacle, par rapport à l'emplacement des batteries et à la liberté de mouvement des troupes.

7° La situation et la nature des points d'appui naturels.

8° Dans les vallées, il faut encore considérer particulièrement les endroits où elles s'élargissent en manière de bassin.

9° Que l'une des berges commande à l'autre, cela n'a d'importance que sur les points où l'on doit s'attendre à un feu d'artillerie ou de mousqueterie vivement nourri, c'est-à-dire près des passages les plus commodes.

La reconnaissance de simples ravins, dans un pays très-découvert, offre peu de difficultés, et le rapport écrit peut parfaitement y suffire.

Pour les bas-fonds et les vallées, d'une plus grande étendue, à berges variées et sillonnées de gorges latérales, c'est déjà une tâche difficile, et il faudra, pour la bien remplir, avoir recours au dessin.

NOMBRE DES DÉFENSEURS.

On demande quelquefois à celui qui exécute une reconnaissance, *combien il faudrait à peu près de troupes pour occuper la localité reconnue?* La réponse à cette question n'est pas aussi facile qu'on le croirait au premier abord.

Pour les fermes ou établissements isolés, on peut poser les principes suivants :

Quand la défense de l'enceinte est de la même importance que celle du bâtiment principal, ce qui dépend uniquement de la nature des localités, on peut évaluer de la manière suivante la quantité de troupes nécessaire pour cette défense. Pour chaque fenêtre du front d'attaque, on compte une file de tirailleurs (2 hommes), et autant de quatre pas en quatre pas le long de l'enceinte. De plus, il faut un détachement spécialement chargé de la défense du vestibule, et un autre, plus fort, pour servir de réserve.

Admettant un front d'attaque de 36 fenêtres et une enceinte de 120 pas de longueur pour la partie qu'il faut occuper, on aura un total de 72 + 60 hommes, ou 132 hommes. En calculant 20 hommes pour le rez-de-chaussée, et 60 pour la réserve, on aurait en tout 132 + 80 = 212 combattants. Or, on n'aime pas à confier la défense de ces sortes de postes à des détachements mêlés, et, d'un autre côté, on évite de disloquer les compagnies : il arrivera donc souvent que les troupes destinées à occuper les postes n'auront pas la force numérique estimée nécessaire, et dès lors il s'agit de déterminer les points qu'on peut occuper plus faiblement sans danger.

Les fenêtres du front d'attaque doivent absolument avoir tous les hommes : l'enceinte que nous avons fait entrer en compte pour un chiffre déjà assez médiocre, ne peut non plus être affaiblie davantage, et le vestibule doit être également occupé par une troupe suffisante. La réserve derrière la maison peut, lorsqu'une attaque n'est point à craindre de ce côté, être supprimée au commencement de l'action ; dans ce cas, on la formera plus tard des défenseurs de l'enceinte, qui, de toute manière, sont obligés de se rallier derrière le bâtiment. Il suffira donc, dans l'hypothèse ci-dessus, d'une compagnie de 160 hommes.

Lorsque, au contraire, l'enceinte est plus importante que le bâtiment, il faut la garnir plus fortement ; mais alors on peut aussi supprimer la troupe du vestibule, dont on barricadera complètement l'entrée. Peut-être pourra-t-on même diminuer le nombre des défenseurs du bâtiment. Si les bâtiments étaient plus importants que l'enceinte, nous joindrions à la réserve, que nous renforcerions autant que possible, tous les hommes dont la défense pourrait se passer ailleurs.

Pour les villages et les villes, l'évaluation numérique des troupes nécessaires pour l'occupation est plus difficile et suppose beaucoup d'expérience. Là il faut examiner, à une portée de canon au moins, le terrain adjacent ; en même temps on verra si les mouvements d'attaque peuvent s'apercevoir partout ou seulement sur certains points, et si la configuration du sol les masque en tout ou en partie. Le même soin doit être apporté à l'exploration de nos propres moyens de retraite, pour le cas où l'on évacuerait l'endroit.

RECONNAISSANCE D'UNE ROUTE FAITE EN MARCHE AVEC UNE COLONNE DE TROUPE.

La reconnaissance d'une route doit être très-détaillée; elle a souvent une grande utilité, surtout en cas de retraite.

Les distances parcourues peuvent être évaluées en heures de marche; de cette manière on se trouve tenir compte tout naturellement des sinuosités du terrain, et on évite les erreurs trop fréquentes résultant de la variation, suivant les pays, des mesures de distance.

Dans un cas très-pressant, on se borne à recueillir des notes indiquant les lieux qui se trouvent sur la route, les distances entre les points les plus utiles à connaître, la largeur variable de la route et tous les accidents du terrain remarquables sous le rapport militaire, mais il est bien préférable d'accompagner d'un croquis la description écrite. Ce dessin peut se faire sans quitter la route et sans se séparer d'une troupe en marche.

L'infanterie parcourt moyennement 400 mètres en 5 minutes. En divisant d'avance une feuille de papier par des carrés de 400 mètres de côté, à l'échelle de $\frac{1}{80\,000}$, comme l'indique la planche I, dix de ces carrés, en longeur, représenteront 4 kilomètres et 50 minutes de marche. Ce canevas permettra de placer approximativement chaque chose à sa place.

Sur la gauche du tracé, on inscrira les heures de marche et d'arrêts ; du côté opposé les observations et éclaircissements utiles.

RECONNAISSANCE DE LA ROUTE DU FORT D'AUBERVILLIERS A LOUVRES.

Rapport.

En sortant du fort d'Aubervilliers, la route pavée et plantée de Paris à Lille par Péronne se dirige au nord-nord-est, descend à travers des prairies et des cultures et traverse sur un ponceau le ruisseau de Montfort, qui se jette dans la Croud, près de la ville de Saint-Denis.

A gauche, chemin conduisant à Saint-Denis, la Courneuve et Stains. A droite et vis-à-vis, chemin de Bobigny et de Bondy. Les prairies qui suivent sont coupées par de nombreux ruisseaux d'irrigation, jusqu'à l'endroit où la route passe sous le chemin de fer de Paris à Soissons. Ce point peut offrir un obstacle important pour soutenir une marche en retraite.

Plus avant et à droite, avenue du château et du village le Grand-Drancy, situés à 20 minutes de la grande route.

Descente dans la vallée peu profonde du ruisseau la Mollette, affluent de la Croud, que l'on passe sur une arche en pierre dans le village le Bourget, qui n'a qu'une rue et 630 habitants. Ce ruisseau, les maisons du village et les enclos qui en dépendent peuvent offrir une bonne position de défense, difficile à tourner de près.

La route monte sur le plateau cultivé qui sépare les eaux de la Mollette de celles de la Morée.

A gauche, chemin pavé conduisant à Dugny, village de 540 habitants, situé sur la Croud et entouré de nombreuses maisons de campagne.

A droite, chemin du Blanc-Mesnil, sur la Morée, où on exploite des tourbières. Il s'y trouve 110 habitants.

Descente assez rapide dans la vallée où coule le ruisseau la Morée, qui se jette dans la Croud et que l'on franchit sur le pont dit Iblon. Ce ruisseau, limite entre le département de la Seine et celui de

Seine-et-Oise, peut être utilisé en cas de retraite. La berge de sa rive gauche domine celle de la rive opposée.

Plus loin la route est coupée par un chemin conduisant : à gauche, au bourg de Gonesse, où il y a un hôpital et 2350 habitants; à droite, au village d'Aulnay-lès-Bondy; puis elle se dirige en ligne droite jusqu'à la Patte-d'Oie, bifurcation avec la route de Reims et Maubeuge et celle de Gonesse. Ce point de la Patte-d'Oie est dominé au nord par des côteaux assez élevés et à l'est par le mamelon de l'Orme-de-Morlu.

On gravit le côteau sur lequel se trouve Vaudherland. A gauche, cette partie de la route est protégée par plusieurs vallons et par la Croud, petite rivière qui se jette dans la Seine à Saint-Denis, et dont le lit bordé de prairies et de terrains humides est dominé entre Gonesse et le village le Thillay.

Vaudherland, village de 100 habitants, dans la vallée où se trouve la source de la Croud, est composé d'auberges qui bordent la route.

Un petit chemin conduit à droite à Roissy, village de 900 âmes, sur la route de Reims.

Montée rapide pour sortir de la vallée; rond-point à l'endroit culminant du plateau.

Plaine élevée sans mouvement de terrain et qui domine la vallée située à gauche, depuis le village le Thillay jusqu'à Louvres, où l'on arrive par une descente rapide et encaissée.

Louvres, où se fait un commerce assez important de bestiaux, a une population de 950 âmes.

En général, la route, depuis le fort d'Aubervilliers jusqu'à Louvres, est bordée à peu de distance à gauche par des accidents nombreux de terrain, des cours d'eau, des marécages qui peuvent en rendre l'accès défendable; mais le côté opposé n'offre que très-peu d'avantages de ce genre.

EXEMPLE D'UNE RECONNAISSANCE MILITAIRE FAITE DANS UN BUT SPÉCIAL.

Ordre.

Le capitaine N.... est chargé de se rendre avec 300 hommes au-delà du pont de Poissy, pour retarder, autant que possible, le passage de ce pont par l'ennemi qui doit arriver par la route de Rouen.

Il devra rédiger un rapport, accompagné d'un dessin, sur la reconnaissance qu'il fera des lieux et sur les dispositions qu'il jugera devoir être prises pour la défense du passage.

Rapport.

Le pont de Poissy est jeté sur la Seine et sur la prairie qui borde la rive gauche du fleuve et qui est inondée dans les fortes crues d'eau ; il se compose en tout de vingt-trois arches, savoir : sur la rivière, quatorze arches en pierre assez étroites, une large arche en fer à l'extrémité ; sur la prairie, cinq arches en bois et trois arches en pierre.

Après les trois premières arches, du côté de la ville de Poissy, la pointe de l'une des îles de la Seine divise cette partie du pont en deux travées par un massif de maçonnerie.

La longueur totale du pont est de 400 mètres, largeur de 6 m. 50 c.

Deux moulins en maçonnerie et pans de bois sont construits à gauche sur la seconde travée.

Le tablier pavé forme une courbe légère, mais cependant assez prononcée pour empêcher de voir, du bout qui touche à la ville, celui du côté opposé.

Du côté de la ville, le pont commence immédiatement à l'extrémité de la rue et ses parapets sont contigus aux dernières maisons, sans laisser de passage ni à droite ni à gauche.

La maison de droite, en bonne construction, a son entrée sur la rue et trois fenêtres du côté de la rivière; elle est couverte en tuiles.

La maison de gauche, aussi solidement bâtie, a son entrée sur le boulevard; mais comme elle se trouve en contre-bas de la culée du pont, ses deux croisées du rez-de-chaussée n'y ont pas vue. Les deux croisées du premier étage peuvent seules être utilisées militairement.

La Seine, très-large en amont du pont, est coupée par des îles du côté opposé; sa rive droite est bordée par une berge très-escarpée de 3 mètres de hauteur dans les eaux ordinaires. De ce côté, il ne stationne jamais de bateaux. Les seules embarcations se trouvent sur le port, au bas et à droite du pont du côté de Poissy, où l'on débarque des bois de charpente.

Des bateaux de pêcheurs, des bains et des lavoirs occupent une partie de la rivière au bas du boulevart.

A l'autre extrémité du pont et après la prairie, un chemin étroit et irrégulier, bordé en partie par de fortes haies, se dirige à droite vers le village de

Carrières-sous-Poissy ; du côté opposé un autre chemin de même nature, bordé aussi de haies et d'arbres, suit le bord de la rivière et se perd dans les terres cultivées.

En sortant du pont la route est resserrée entre deux maisons construites en maçonnerie de moellons et couvertes en tuiles, celle de droite a au rez-de-chaussée la porte d'entrée et quatre fenêtres, mais aucune ouverture sur le pignon qui est perpendiculaire à la route.

La maison de gauche a un rez-de-chaussée, trois fenêtres au premier étage sur la route, elle est entourée sur le derrière par un mur de deux mètres de hauteur peu solide, ayant une porte charretière. A la suite de cette maison quelques arbres assez forts peuvent être utilisés pour barrer ce passage.

La route s'élargit ensuite, forme un coude et est pavée jusqu'à sa bifurcation avec la route n° 43 conduisant à Chanteloup. Dans cette partie elle est en remblai bordée des deux côtés par un talus rapide dont la hauteur varie de 2 m. à 2 m. 50 c., au-dessus des terrains environnants ; elle passe sur une arche très-basse, destinée à faciliter l'écoulement de l'eau.

Le mur d'un ancien enclos borde sur une grande longueur, et jusqu'au delà de la ferme de Saint-Blaise, le côté droit de la route de Chanteloup et retourne sur une longueur de 40 mètres sur celle de Poissy. Ce mur en moellons et en bon état a 50 centimètres d'épaisseur et 3 mètres de hauteur.

Un mauvais chemin se détache de la route principale et conduit au village de Pisse-Fontaine.

Un peu après la borne kilométrique 30, est une ferme dépendante de la commune de Carrière-sous-Poissy. Cette ferme se compose d'un bâtiment situé au fond d'une cour, sur laquelle est la porte d'entrée et trois fenêtres, sur le devant deux mauvais hangars et la porte charretière. Ces constructions n'offrent pas d'avantage pour la défense de la route, le mur de clôture seul peut servir d'embuscade aux défenseurs. Ce mur est en moellons de 35 centimètres d'épaisseur et de 2 m. 50 c. de hauteur.

La route, à partir de la bifurcation, est ferrée, en très-bon état et bordée de jeunes arbres, elle s'infléchit vers l'ouest et cesse d'être visible de la ferme B.

Les terrains des deux côtés de la route au-delà de

la prairie qui longe la rivière, sont unis et cultivés et n'offrent aucun obsctacle, mais il faut remarquer que la plaine de gauche est vers le côté marqué AA sur le plan, terminée depuis la rivière jusqu'au-delà de la ferme B par des haies, des fossés, des buissons qui en font un impasse.

En résumé, l'ennemi peut-être arrêté, d'abord au passage entre la ferme B et le mur longeant la route de Chanteloup, il ne tournera pas d'abord cette position du côté de la ferme de Saint-Blaise ce qui l'éloignerait trop de la route et lui opposerait trop d'obstacles, c'est donc du côté et derrière la ferme B, entre cette ferme et les buissons A, qu'il forcera le passage pour arriver près des maisons situées à l'entrée du pont.

Ici la défense peut être beaucoup plus efficace, le passage entre les maisons étant barricadé ; ces maisons occupées, ainsi que le derrière des haies et les parapets des deux côtés du pont offrent une très-bonne tête de pont.

Parvenu à tourner les maisons, l'ennemi se trouverait dans la prairie en contre-bas de plus de 6 mètres de la chaussée du pont et sans autre moyen d'y monter que l'escalade.

Enfin, maître du pont, l'ennemi trouverait

pour en déboucher bien plus de difficultés qu'il n'en aura éprouvées pour s'en emparer. Les parapets liés directement aux maisons, ces maisons fortement occupées et la rue barricadée forment une troisième position qui peut être assez longtemps défendue contre des forces bien supérieures, mais concentrées et sans possibilité de se développer.

L'artillerie seule pourrait ruiner cette position et en motiver l'abandon.

DIPOSITIONS DE DÉFENSE.

En arrivant sur le terrain, au-delà du pont de Poissy, la troupe s'établira dans la plaine, à gauche de la route; un poste sera placé dans la ferme B, et des vedettes au tournant de la route C.

Le mur de la ferme, du côté de l'attaque, et le mur sur la route de Chanteloup DD seront crénelés.

L'approche de l'ennemi étant signalée, un tiers de la troupe se portera en avant, à gauche, entre la ferme B et les jardins qui terminent la plaine du côté A.

Le second tiers des hommes sera placé derrière le mur DD.

La réserve conservera sa première position.

Il est probable qu'il ne sera pas possible de résister longtemps à cette première attaque ; si l'ennemi éprouve trop de difficultés pour tourner la ferme B par sa droite, il se jettera du côté de la ferme de Saint-Blaise et fera un long détour vers le village de Carrière-sous-Poissy pour gagner la plaine et la prairie entre la route et la rivière.

La retraite s'opérera, selon le cas, à droite ou à gauche de la grande route, et sera en partie couverte par les talus élevés de cette route qui est construite sur un remblai.

Les arbres, près de la maison à gauche du pont, seront coupés pour en former un premier barrage de la route ; une forte barricade fermera le passage entre les maisons dont les fenêtres seront occupées ainsi que l'enclos, les haies E et F et le parapet du pont qui domine la prairie.

L'attaque de front de cette seconde position sera difficile, et l'occupation de la prairie des deux côtés du pont ne donnera aucun accès sur la chaussée, qui domine de 6 mètres et qui n'est abordable que par les étroits et rapides chemins EF dont le débouché sur la route peut être défendu avec avantage.

Pendant cet action, une barricade sera préparée de l'autre côté du pont à l'entrée de la rue.

La retraite se fera pied à pied, toutes les ouvertures des maisons de Poissy seront occupées, et comme les parapets du pont ne laissent aucun passage pour aborder la rive gauche de la rivière, l'ennemi maître du pont n'aura aucun moyen d'en sortir, ni de déployer ses forces et se trouvera ainsi exposé à un feu dominant très-dangereux.

Cette dernière position est donc celle qui offre la défense la plus facile, et celle qui est la plus propre à retarder la marche de l'ennemi surtout s'il est dépourvu d'artillerie.

LEVER DES PLANS.

On admet ici que le militaire chargé d'une reconnaissance spéciale n'a aucun instrument à sa disposition. Il est alors très-utile qu'il connaisse exactement la longueur de son pas et la vitesse moyenne de sa marche.

S'il peut se procurer une carte dressée sur une grande échelle, il pourra en extraire un canevas de la localité qu'il aura à reconnaître. Ainsi la carte de la France de l'Etat-major, donnera pour les parties de l'empire un ensemble suffisant pour mettre chaque chose à sa place et n'avoir plus à s'occuper que des détails comme la longueur des murs de clôture, celle des bâtiments isolés, la largeur des routes et des chemins, etc., etc.

Si la commune sur laquelle on opère possède un plan cadastral, il suffira de le copier et d'y ajouter les détails utiles à la question militaire à résoudre.

Dans le cas où l'on ne pourrait se procurer aucune carte ou plan propres à établir un canevas préparatoire, on devra choisir sur le terrain un objet offrant une ligne droite d'une assez grande longueur, comme une partie de route, un mur de clôture, une haie, etc. ; et on en mesurera la longueur, entre deux points remarquables, puis au moyen de perpendiculaires à cette droite déterminée, on y rattachera tout ce qui se trouve à gauche. Les exemples suivants feront comprendre cette manière d'opérer.

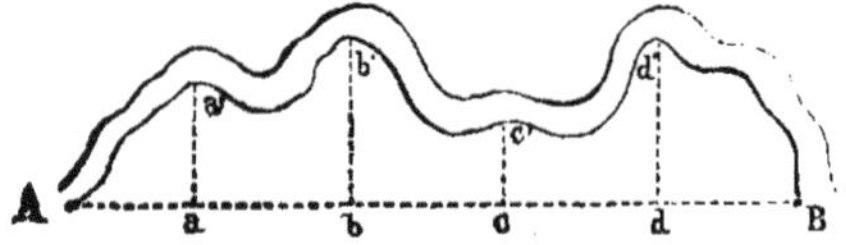

Si l'on a besoin de déterminer entre deux points

donnés A et B, les sinuosités que forme un cours d'eau, on imaginera une ligne droite tirée de A en B, et partant du point A, on mesurera au pas, la distance A *a*; *a a*[1] étant perpendiculaire sur A B, *a*[1] indiquera un des points les plus prononcés du ruisseau.

On mesurera la distance *a a*[1] et on aura le premier point. On opérera toujours de même, pour les points *b b*[1], *c c*[1], *d d*[1], etc., et les longueurs de toutes les perpendiculaires à A B déterminent assez de points pour être joints à vue sans de grandes erreurs.

Pour tracer les contours d'un chemin,

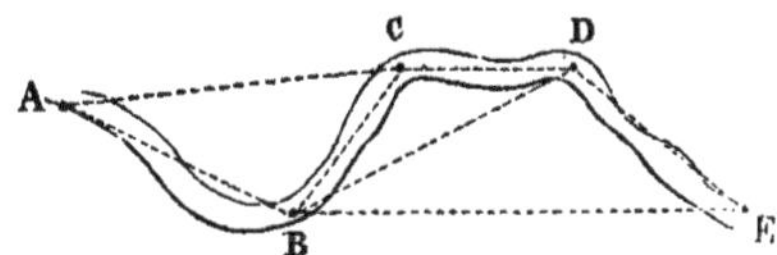

En partant d'un point déterminé A, on se dirige vers un autre point B, et l'on figure approximativement les différences qui se trouvent entre le contour du chemin et le tracé de la droite A B.

Du point B, on prend une nouvelle direction B C, en estimant l'angle A. B C, et on opère comme pour la ligne A B, et ainsi de suite pour les lignes C D, D E, etc.

Si le chemin est en plaine, et qu'on ne rencontre pas d'obstacles, on peut vérifier les angles en mesurant des diagonales, comme C A, par exemple.

Quand le chemin que l'on doit tracer traverse un bois, un verger ou autre terrain planté, on éprouve des difficultés, et on est obligé de déterminer les angles à vue, sans vérification; mais, quand cela est possible, on se servira avec avantage de l'ombre des arbres pour mesurer approximativement l'ouverture des angles.

La lisière des bois se déterminera de la même manière que les cours d'eau, c'est-à-dire que l'on joindra les points saillants de leurs contours par des droites A B C D.

Sur ces droites on mesurera les distances entre les points *a b c* et les perpendiculaires à ces points.

Pour mesurer la distance d'un point accessible à un point qui ne l'est pas, la largeur d'une rivière, par exemple, on pourra, si le terrain est plat et découvert, employer le moyen suivant :

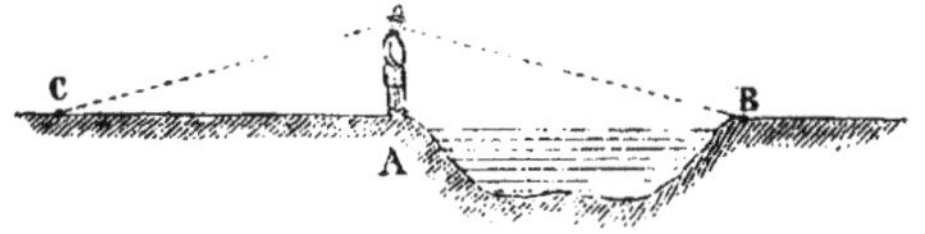

Se placer sur le bord de la rivière, le corps droit et les yeux dirigés de manière que le bord de la visière du schako ou du chapeau réponde à la rive opposée B, faire un demi-tour sans déranger sa tête ni ses yeux de leur première direction, remarquer le point C sur le terrain, et mesurer la distance A C qui sera égale à la largeur cherchée.

On obtiendra plus de précision par l'opération suivante :

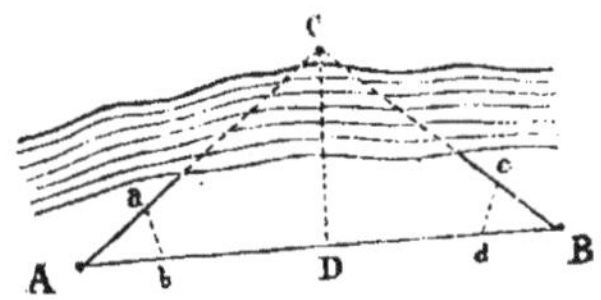

A deux mètres du bord de la rivière, et parallèlement à son cours, déterminer une ligne droite A B, de dix mètres de longueur. Du point A, et à l'aide d'un bâton on tracera dans la direction du point C, que l'on remarquera sur la rive opposée, une ligne A C, et l'on fera de même du point B.

Du point A, on marquera 1 mètre sur la ligne A C en *a* 1 mètre sur la ligne A B en *b*; du point B, on marquera de même et B *d* aussi de 1 mètre; on mesurera les distances *a b* et *c d* qui donneront l'ouverture des angles. Construisant sur du papier la figure de ce triangle, sur une échelle métrique, 1 centimètre pour 1 mètre, par exemple, on trouvera au compas la distance C D, en déduisant les deux mètres qui séparent la ligne A B du rivage; le reste sera la largeur de la rivière.

Pour mesurer approximativement la hauteur d'une montagne

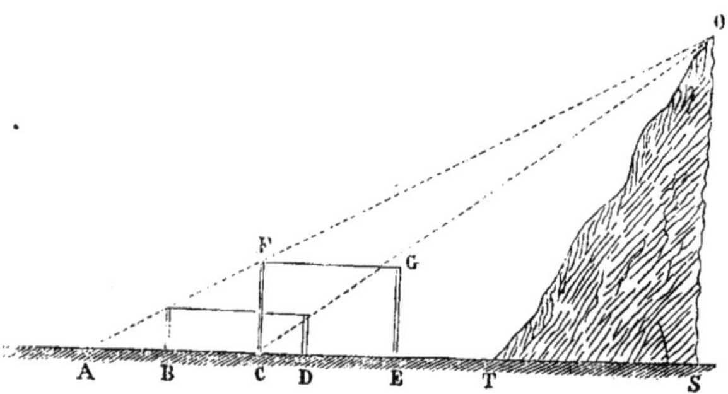

on plantera en terre un piquet B de 50 centimètres de hauteur; entre ce piquet et la montagne on fera promener un jalon de 2 à 3 mètres de haut, jusqu'à ce que le rayon qui passe par l'extrémité du piquet et du jalon passe aussi par le sommet O de la montagne. On se porte plus en avant et on répète la même opération avec un piquet D et un jalon E, semblables aux premiers.

On aura FBC égale à GDE et AB plus AD, comme CF plus SO, d'où AB multiplié par CF et divisé par AB sera la hauteur de la montagne.

Ainsi, supposant que AB soit de 11 mètres, et CF de 3 mètres, le produit zéro 33, qui divisés par AB de 5 mètres, donneront pour la hauteur cherchée 6 m. 50 c.

Pour déterminer la pente de la montagne, il faudra connaître ST, mais TS est égal à AS moins AT; AT peut se mesurer. AS égale, d'après les mêmes triangles AC, plus AD, divisé par AB.

Les opérations qui viennent d'être indiquées, peuvent s'appliquer dans tous les cas analogues et suffisent pour obtenir les mesures indispensables au tracé d'un plan.

ÉCHELLES DES CARTES.

Il est important de mettre en rapport la grandeur d'une carte avec les objets qu'elle doit représenter, c'est-à-dire de la construire sur une échelle convenable pour que tous les détails utiles y soient clairement exprimés.

Une série d'échelles a été adoptée pour leur application aux cartes militaires, ainsi :

Pour un plan de campement d'un régiment, d'un bataillon, d'une compagnie, le tracé du terrain sera rapporté à une échelle de $\frac{1}{1000}$ ou 1 centimètre pour 10 mètres.

Pour les plans détaillés des villes, bourgs, villages, routes, places de guerre, dernières opérations d'attaque et de défense, tracé des fortifications de campagne et des camps qu'elles couvrent, $\frac{1}{2000}$ ou 1 centimètre pour 20 mètres.

Pour les places de guerre et leurs environs, à 2 kilomètres de distance, les premières opérations de l'attaque et de la défense, le tracé du camp de plusieurs régiments, $\frac{1}{5000}$ ou 1 centimètre pour 50 mètres.

Pour la topographie complète d'un pays, les détails d'une frontière, les cartes de marches, itinéraires, positions retranchées, attaque et défense des lignes, $\frac{1}{10000}$ ou 1 centimètre pour 100 mètres.

Pour les cartes de reconnaissance d'un pays, les plans de batailles, combats et mouvements des armées, la topographie des places à 1 myriamètre de distance, les cartes d'investissement, castramétation d'une armée entière, $\frac{1}{20000}$ ou 1 centimètre pour 200 mètres.

Pour les cartes d'ensemble des places et de leurs dépendances, telles que forts, canaux défensifs, description d'opérations militaires dans le voisinage de quelques places, $\frac{1}{50000}$ ou 1 centimètre pour 500 mètres.

Pour une carte d'une partie de frontières, contenant plusieurs places, un arrondissement militaire, des opérations de guerre qu'on y propose ou exécute, $\frac{1}{100000}$ ou 1 centimètre pour 1000 mètres ou 1 kilomètre.

Ainsi de suite, les échelles devenant de plus en plus petites que l'étendue du terrain devient plus grande et les détails moins nombreux.

Les échelles de $\frac{1}{1000}$, $\frac{1}{2000}$ et $\frac{1}{5000}$ sont à peu près les seules applicables aux reconnaissances spéciales.

Un double décimètre est suffisant pour construire une de ces échelles et servir à y rapporter tous les objets qui auront été mesurés sur le terrain.

DESSIN.

Il y a plusieurs genres de dessins topographiques; dans beaucoup de cas le temps et les moyens ne permettent que le simple emploi de la plume, et le tracé plus ou moins soigné des choses indispensables à reproduire. Quelques indications écrites sont alors nécessaires pour la désignation des cultures, et de la nature du terrain.

Les dessins lavés, qni demandent plus de temps et de matériel, et sur lesquels des couleurs conventionnelles indiquent très-clairement la nature de toutes les parties du terrain.

Les dessins finis, très-soignés, où toute chose est rendue avec une grande pureté, et un art qui ne peut s'acquérir qu'après une assez longue étude, une connaissance parfaite des couleurs et de leur mélange; c'est, pour ainsi dire, un paysage vu à vol d'oiseau, que doivent savoir reproduire les ingénieurs et les officiers d'état-major, mais qui n'est pas indispensable pour les travaux confiés temporairement aux militaires des autres armes (1).

(1) *Cours classique de dessin topographique*, 1 vol. in-4° oblong, composé de 25 dessins coloriés, avec texte en regard. J. Corréard.

TRAIT.

Le croquis fait sur le terrain doit être rapporté à l'échelle voulue, au crayon, avec le plus de netteté possible; on passera ensuite le *trait* à l'encre de Chine, avec une plume métallique.

La planche Ire indiquera suffisamment comment doit être fait ce trait, elle offre le modèle de tout ce qui peut se trouver sur un plan ordinaire, et dispense d'entrer ici dans le détail de chaque chose.

RELIEF DU TERRAIN.

Deux méthodes différentes peuvent être employées pour exprimer le relief du terrain :

Les *courbes horizontales ;*

Les *lignes de plus grandes pentes.*

Pour les premières, on suppose menés, par les flancs de la colline ou d'une montagne, des plans de niveau également distants, de 10 en 10 mètres, par exemple.

Dans le plan, les tranches se rapprochent de plus en plus à mesure que la pente devient plus roide, et se confondent dans les chutes verticales.

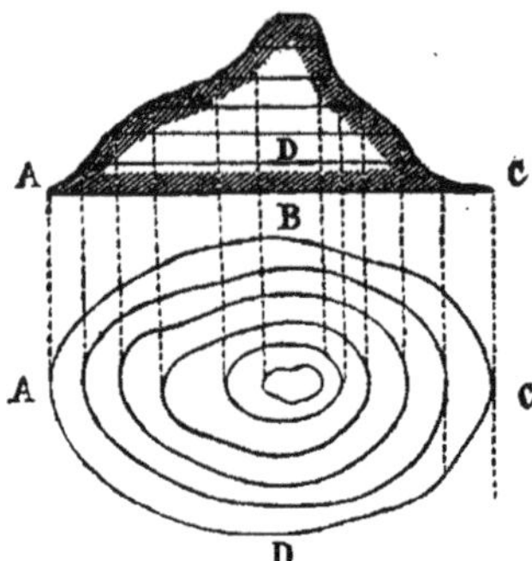

La surface ABCD peut être concave et représenter un trou au lieu d'un sommet ; à l'inspection d'un plan, il serait difficile de juger si une surface indiquée par des tranches horizontales est convexe ou concave, si des signes particuliers ne les différencient ; mais les excavations isolées sont fort rares, et le plus souvent contiennent de l'eau, qui seule peut les faire distinguer des sommets.

Les lignes des plus grandes pentes peuvent être définies par la trace que suivrait une goutte d'eau abandonnée sur une surface quelconque à l'action de la pesanteur.

Plus la pente sera rapide, plus les lignes seront courtes. (Voir la pl. 1.)

On réunit avec avantage les deux méthodes :

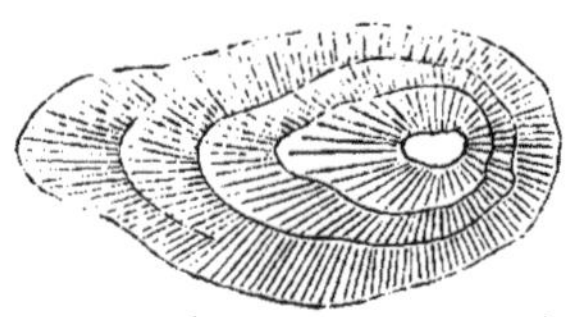

Les tranches ayant été déterminées par le lever, on les rapporte et on les dessine légèrement, ensuite on les joint par des tailles, ou hachures dirigées toujours normalement à la section supérieure de chaque tranche, pour indiquer la ligne de plus grande pente.

Dans les parties courbes, lorsque, par l'adoucissement des pentes, les lignes d'intersection s'éloignent l'une de l'autre, on subdivise chaque tranche principale en tranches intermédiaires, pour éviter la trop grande divergence des tailles. (Voir les montagnes de la planche 1re.)

LAVIS DES PLANS.

Jusqu'à présent, une règle, un compas, un double décimètre, un crayon, une plume métallique, un godet et un morceau d'encre de chine, ont suffi pour rapporter et dessiner le *trait* d'un plan, il faut joindre à ces objets, pour le lavis, plusieurs godets, des pinceaux et des pains de couleurs, savoir : carmin, indigo, et gomme-gutte, qui par leur mélange peuvent produire tous les tons dont on a besoin ; on peut à ces couleurs joindre le minium, le vert-émeraude et la sépia, mais comme il est important de réduire autant que possible le bagage d'un militaire sujet à de fréquents déplacements, ces dernières couleurs ne sont pas indispensables.

Pour les minutes topographiques, on a adopté en France *des teintes conventionnelles*, qui indiquent la nature du terrain et des cultures ; ainsi :

Les *terres entièrement cultivées* sont laissées blanches, ou couvertes d'une teinte légère d'orange un peu terne, composée de carmin, de gomme-gutte et d'encre de la Chine.

Les terres labourées dans les montagnes, d'une teinte brune, — gomme-gutte, carmin et encre de la Chine, plus foncée que la teinte précédente.

Les vignes, teinte violacée, — gomme-gutte, carmin, encre de Chine et un très-peu d'indigo.

Prairies, vert d'herbe, — gomme-gutte et indigo.

Vergers, même teinte, plus légère et plus bleuâtre.

Friches, panaché de vert pistache, — gomme-gutte et indigo, et d'oranger, gomme-gutte et carmin.

Bois et Forêts, teinte plate, jaune, — gomme-gutte avec une parcelle d'indigo.

Broussailles, panaché du jaune ci-dessus et de vert très-léger.

Bruyères, panaché de vert et de rose, — le vert des prés et le carmin faible.

Landes, vert-olive et aurore, — gomme-gutte et indigo, carmin et gomme-gutte.

Sables, jaune rougeâtre, — carmin et gomme-gutte.

Vase, teinte couleur d'ardoise, — gomme-gutte, encre de Chine, un peu de carmin et d'indigo.

Marais, vert d'herbe et bleu léger ; — même vert que pour les prairies, indigo léger.

Étangs, cours d'eau, bleu léger. Après avoir mis la teinte plate bleu léger dans les étangs, les rivières, etc., on renforcera les bords de côté de l'ombre (1) avec une teinte bleue plus foncée, adoucie vers le milieu.

Les étangs seront en outre ondulés horizontalement.

Mers, vert d'eau, — indigo et un peu de gomme-gutte.

Les bâtiments se teintent avec du carmin pur.

Il serait superflu d'indiquer ici la quantité de chaque couleur qui doit entrer dans la composition des différentes teintes, l'examen de la planche pre-

(1) Le jour est toujours considéré comme venant de l'angle du haut, à gauche du dessin et formant avec lui un angle de 45 degrés, de manière que l'ombre portée indique la hauteur des objets.

mière où toutes ces teintes sont réunies, et un peu de pratique en apprendra plus à ce sujet que tout ce qu'on pourrait en dire.

Les corps de troupes sont représentés sur les plans par des parallèlogrammes, dont les dimensions doivent être en rapport avec l'échelle de ces plans :

Un fantassin dans le rang occupe. . .	0m50
et dans la file.	0 50
L'intervalle entre les rangs est de. . .	0 32
La profondeur d'une file, la troupe étant formée sur deux rangs, est de	1 32
Sur trois rangs, de.	2 14
Le front d'une compagnie sur deux rangs.	25 00
Sur trois rangs.	16 50
Le front d'un bataillon environ. . . .	150 00
Intervalle entre deux bataillons consécutifs.	16 00
Front d'un régiment.	500 00
Un cavalier occupe dans le rang. . . .	1 00
Dans la file.	3 00
Intervalle entre les rangs.	0 65
Profondeur d'une file, la troupe étant sur deux rangs.	6 00

Front d'un escadron. . . . . 50^{m}00

Intervalle entre deux escadrons consécutifs. 10 00

Front d'un régiment de cavalerie. . . 350 00

Ces données doivent suffirent pour le tracé des corps de troupes sur un plan. Les parallèlogrammes qui les représentent peuvent être teintés par des hachures à la plume ou par des couleurs vives et tranchantes qui les détachent bien du terrain sur lequel ils sont placés. La planche 2 en offre un exemple.

La variété des hachures dans un plan dessiné à la plume et celle des couleurs dans un plan lavé peuvent indiquer les troupes des différentes nations.

ÉCRITURE SUR LES PLANS.

Pour les plans dessinés au net et avec soin, on a adopté une hauteur d'écriture et un choix de caractères en rapport avec l'échelle de ces plans et l'importance des objets qu'ils représentent.

Ces caractères sont : la **CAPITALE DROITE**, la ***CAPITALE PENCHÉE***, le romain droit, le romain penché et *italique*.

Mais comme il est rare qu'un officier de troupe ait l'habitude de ce genre d'écriture, et que le plus souvent il n'aura pas le temps de l'employer, on n'entrera pas ici dans l'énumération des proportions à donner aux caractères d'écriture. La planche 1 offre un exemple suffisant de leur forme et de leur disposition.

Il faut avoir soin que tous les noms soient toujours parfaitement lisibles et placés de manière à bien se rapporter aux objets qu'ils désignent.

TABLE DES MATIÈRES

FIN DE LA TABLE DES MATIÈRES.

Sceaux. — Typographie de E. Dépée.

NTIONNELLES.

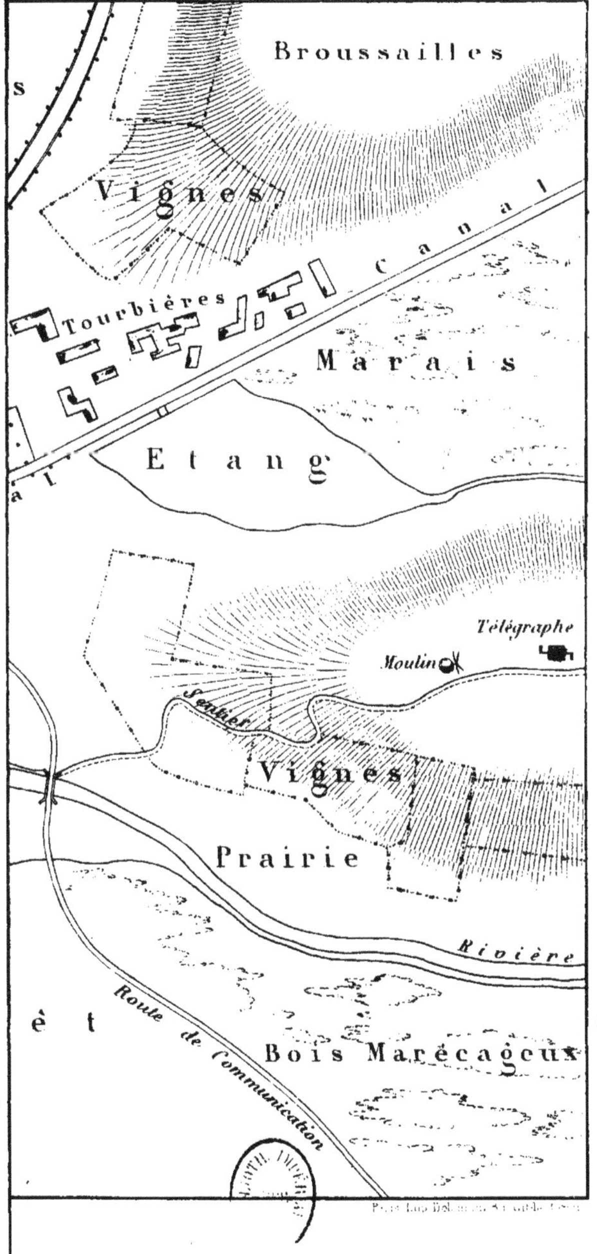

ÉTUDE DE TOPOGRAPHIE _ TEINTES CONVENTIONNELLES.

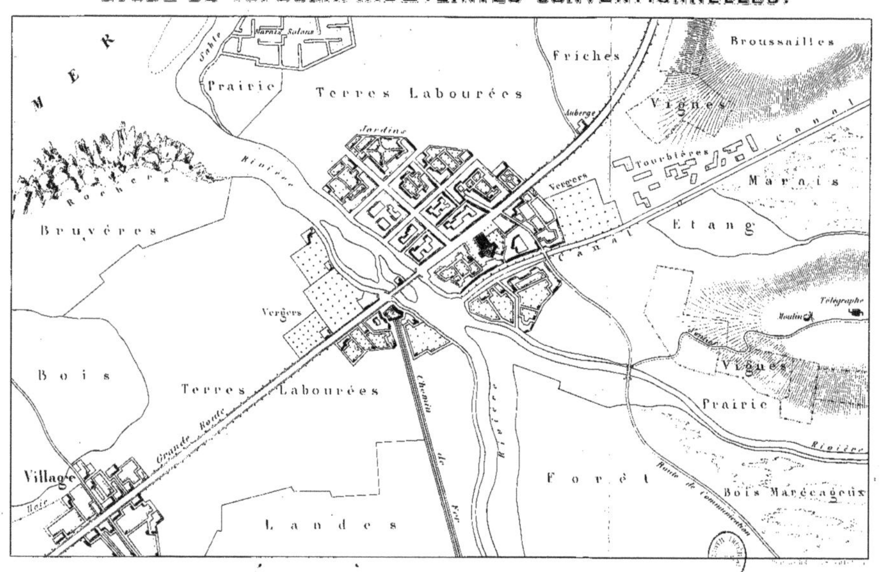

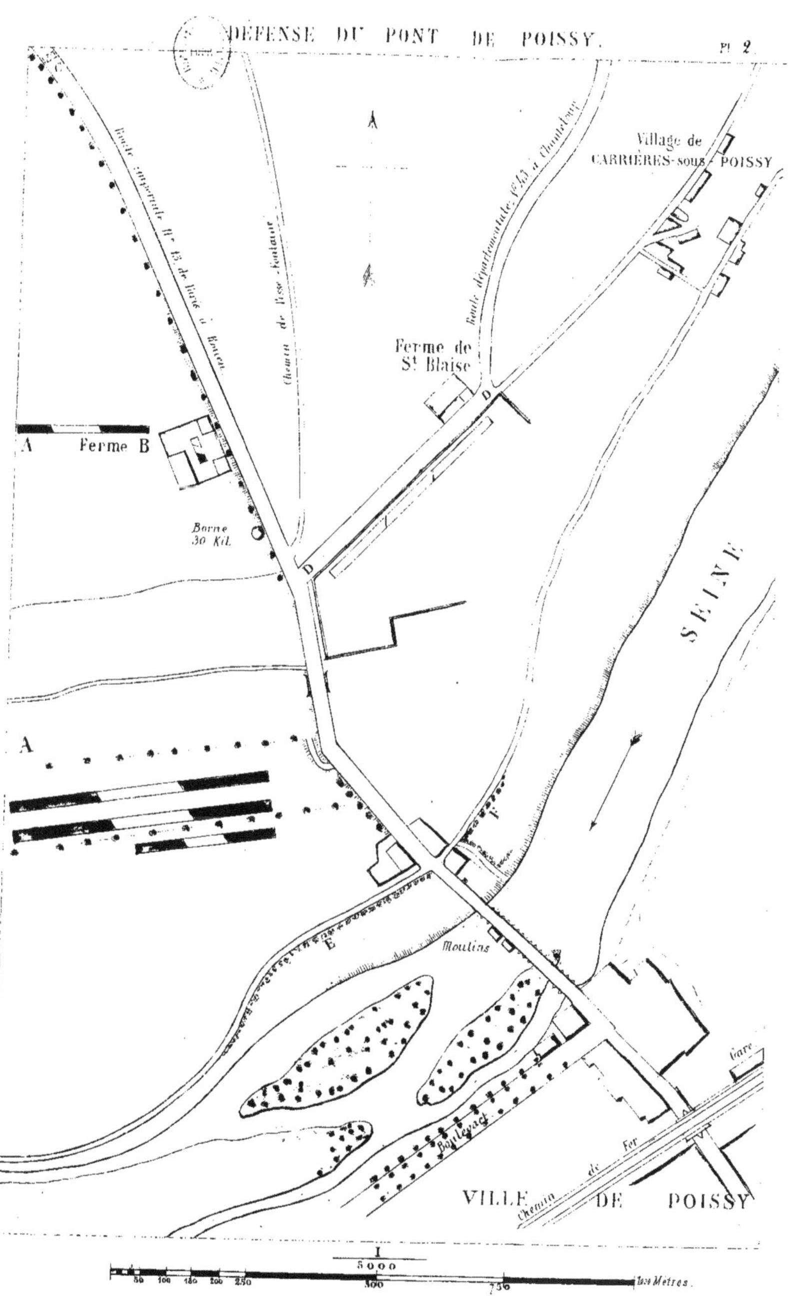
DÉFENSE DU PONT DE POISSY.
Pl. 2.
Village de
CARRIÈRES-sous-POISSY
Ferme de
St Blaise
A
Ferme B
Borne
30 Kil.
SEINE
Moulins
Boulevard
Gare
Chemin de Fer
VILLE DE POISSY
1
5000
50 100 150 200 250 500 750 1000 Mètres.

RECONNAISSANCE DE LA ROUTE DU FORT D'AUBERVILLIERS A LOUVRES. Pl. 3

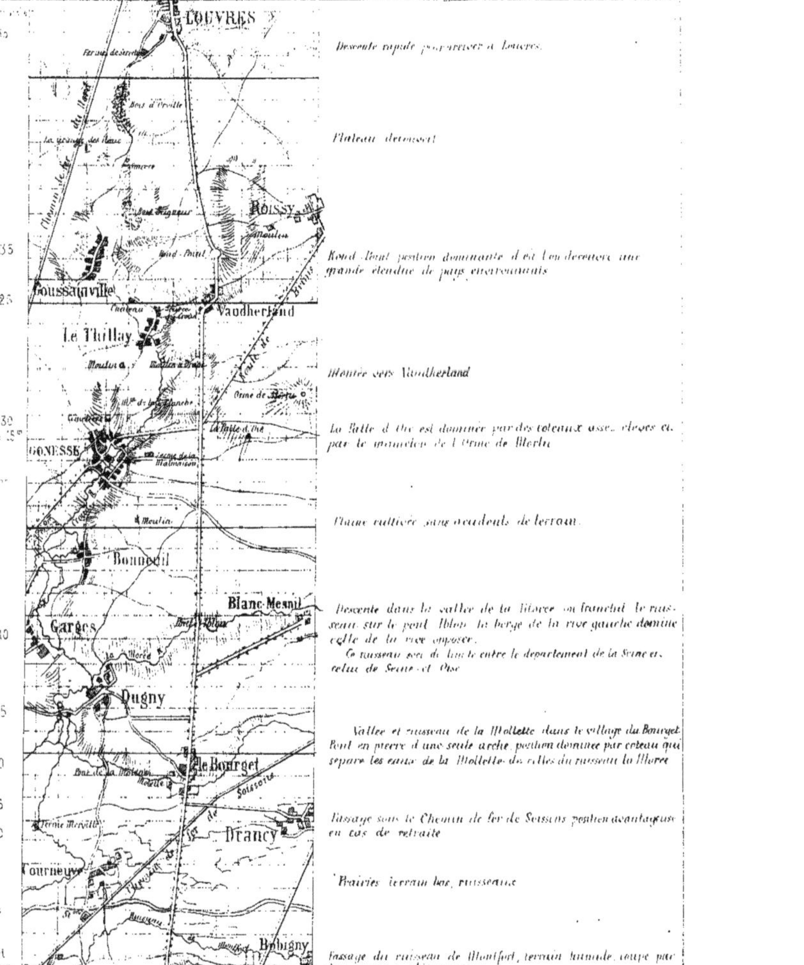

Lith. Gény-Gros r. St Jacques, 33

SCEAUX. — TYPOGRAPHIE DE E. DEPÉE.

www.ingramcontent.com/pod-product-compliance
Ingram Content Group UK Ltd.
Pitfield, Milton Keynes, MK11 3LW, UK
UKHW021820190726
13853UKWH00003B/1080